花園──愛彌兒幼兒園
大班幼兒的集體創作畫（局部）

幼兒園
學習環境中的 美感
實踐

台灣 · 台中
愛彌兒幼兒園現場實例

編審／林佩蓉　策畫／高琇嬅　作者／侯憲堯

*The aesthetic practise
of the kindergarten
educational environment.*

E mi le

「美，應該從生活中很自然地體會到，看多了美的事物，養成眼睛的
審美判斷力，就會慢慢形成一種力量，一個國家的力量。」

——漢寶德

台灣 ・ 台中 ・ 愛彌兒幼兒園教室一隅

Contents
目次

Chapter 1
構 成 Constitute

24

推薦序－培養幼兒美感的學習環境創設

徐德成 博士（嶺東科技大學 幼兒保育系助理教授）

幼兒天生是探索家，從出生開始就不斷地運用感官進行學習，特別在光線、色彩、質感以及空間的感受上，他們都具有高度知覺的觀察能力。對於上述的視覺美感，它不只是一種愉悅的感受，同時可以引發我們的視覺思考判斷力。德國美育哲學家席勒（F. Schiller, 1759-1805）認為：「人類只有透過美感教育（Aesthetic Education），才可以讓我們的感性、理性與精神動力獲得整體的和諧發展，進而達到全人教育的理想目標。」

美感教育並不只是美術創作或藝術欣賞，而是包含生活環境及周遭事物所帶給我們美感經驗所產生的認知，以及引發好奇心而產生的學習動機。瑞吉歐（Reggio）教育者認為，學習環境是幼兒的第三個老師，透過環境美感的氛圍，能有效激發孩子的好奇心。因此，愛彌兒幼兒園在創辦人高琇嬅老師對於幼兒教育革新認真的耕耘下，特別注重美感教育對幼兒學習的影響，在愛彌兒的教學歷程裡，除

了鼓勵教師在教室及校園情境中，配合幼兒的學習適性發展出美感情境外，更特聘駐校藝術家藉以協助推動美感教育。《幼兒園學習環境中的美感實踐》一書，完整呈現出創辦人、幼教師及駐校藝術家侯憲堯老師對校園學習環境共同努力的成果。書中除了清楚地指出環境美感教育對幼兒影響的重要性外，更將愛彌兒幼兒園的實踐歷程有系統地記錄整理。

在幼兒園學習環境的規劃上，教師對媒材的應用、美的形式原理，以及如何配合學習內容來呈現風格，全都需要有相關的專業瞭解與認識。在本書中，首先將以大量的圖像實例，說明各種媒材在學習環境中如何呈現美感，在編排上依據「美的形式原理」於各種學習情境做有系統的呈現，其中包括秩序、反覆、漸層、對稱、平衡、調和、對比、比例、節奏、統一等原則，我們可以透過這些形式實例的分析說明，幫助教師理解並應用藝術形式來創設具有美感的學習情境，讓幼兒具體感受在「美的形式原理」

下所呈現出的環境視覺之美。

當我們談論到幼兒學習環境規劃與實踐時，必須思考如何應用各種美感要素，其中「空間布局」、「色彩運用」、「材質選擇」、「光線配置」是最被討論的問題。特別是針對不同屬性的學習區，更需要依據各區在學習空間的特性來安排規劃，其中主要談及教室空間的動線以及視覺的需求，例如：在積木區中規劃出觀察作品的良好空間視野；在討論色彩時，關注教室整體的調和性，盡量呈現統一調和的色彩；在擺設材料與教具時，盡量運用色彩進行分類，使得孩子能透過顏色的差異，而發現材料教具不同的屬性。在「材質選擇」方面，我們可以從感官需求來提供多元媒材，幫助幼兒體驗發現生活中各種媒材的質感，以激發孩子的好奇心，促進孩子的感知能力。而「光線配置」能探討不同光源的安排及應用，例如：當在科學區中探究光影時，必須安排在教室較暗的空間進行，以利投射光線，產生良好的視覺效果；或是在語文區中，為了營造溫馨的閱讀氣氛，提供暖色系的燈光來提升閱讀的學習效果。

如何讓學習環境更有特色，除了應用上述的實踐外，同時還需要突破固有的框架並加以「轉化」，將空間機能與美術形式融合運用，其中我們可以和孩子一同討論如何進行情境布置，讓孩子們成為共同參與者，加入幼兒創建的效果，或是以博物館的空間創設觀念，在教室的空間中再分割另一個學習空間，例如：運用屏風、小木屋的形式來呈現多重空間，使教室的空間產生更多層次的視覺效果，讓學習環境更具趣味性。最後，本書以問答「Q&A」方式配合侯憲堯老師的訪談對話記錄做為統整，提出學習環境美感實踐的關鍵重點及概念，使得教師對學習環境的創設有更為清晰的概念。

《幼兒園學習環境中的美感實踐》完整呼應了「幼兒園教保活動課程大綱」所提出的：「美感能陶冶幼兒對生活周遭環境的敏銳度，喚起他們豐富的想像與創作潛能。」目前，課綱雖然提出學習環境的美感教育，但在幼教現場的實踐卻是處於初期，因此具有美感的學習環境仍有待我們不斷的探索開發，有幸愛彌兒幼兒園在教學實踐上很早就關注到學習環境的美感教育，並且把豐富的現場經驗累積至今。《幼兒園學習環境中的美感實踐》一書的問世，將可以幫助幼教師在學習環境的美感實踐中，提供教學上極具參考價值的紀實。

推薦序—潤物細無聲

高琇嬅 愛彌兒教育基金會董事長
愛彌兒期刊《探索》主編

幼兒園對幼兒美感的孕育，在幼兒一日作息的時間、空間裡，在幼兒日常的視覺、聽覺及肢體動覺裡。幼兒園內醞釀這些美感因子的場景背後，必然有一些熟悉幼兒各領域發展，兼具各領域豐沛資糧的專業人，共同協力參與，以讓美感如細流般，涓涓不斷的在園內幼兒身上浸潤滋生。

西元2000年，甫自英國返台，因入選「台中20號倉庫第一屆鐵道網路駐站藝術家」，自台北南下台中的侯憲堯老師，在熟識多年的陶藝家林瑄瑛老師引薦下，就這樣與愛彌兒幼兒園相遇；他，也就這樣轉身投入「兒童藝術教育」；並這樣，成為襄助愛彌兒幼兒園的視覺營造師，迄今。

愛彌兒幼兒園內，充滿著呼應幼兒發展，多元概念的多元教具媒材，如何讓這些教具媒材的陳設，對應美學形式原理（如本書中的秩序、反覆、漸層、對稱、平衡、調和、比例、節奏、統一），對幼兒產生「好想玩一玩」的遊戲邀請？又如何讓園內幼兒於多元探索後的多元回應，呈

現在幼兒的視覺路徑（如本書中的色彩應用、空間布局、材質分類、光線配置），對幼兒產生「好想看一看」的交集共鳴？而一些美感鋪陳的對話建議，更要如何才能幫襯到園內幼師理解轉化，不斷的修飾調整，形成想要的教室景深？這些，都需要對幼兒的細膩觀察，及對幼師實務的悉心聆聽、費心引領。

侯憲堯老師的美學底蘊深厚，他的個人畫作，常寓哲思。而他的人，內斂寡言、溫和低調。這麼多年來，一直用心的傳遞著美感語彙，豐富著愛彌兒幼兒園的現場，他讓美感潛移在園內情境，他讓園內幼兒、幼師們被美感逐漸默化。他的為人和他的作為，在愛彌兒，一如杜甫的詩「隨風潛入夜，潤物細無聲」！

Introduction

前　言

美感是一種生命個體在不斷經由接收外在美好事物，所累積出的覺察與感受能力，透過眼（視覺）、耳（聽覺）、鼻（嗅覺）、舌（味覺）、身（觸覺）等感官媒介，感知生活周遭各種美的訊息，並與自身的經驗及想像作連結，觸動內在情意的感動。美國哈佛大學心理學家迦納（Howard Gardner, 1943- ）的研究顯示，人的「美感知覺發展」在幼兒階段可分為知覺期與符號認知期：

1.**知覺期**：是美感最早萌發的時期，約在出生至2歲之間。這個階段的幼兒能夠敏銳地分辨客觀環境中事物的表象特徵，如長短、顏色、大小、深淺等，所以此階段是「美感」概念的建構期。

2.**符號認知期**：約在2歲至7歲之間。這個階段的孩子經常以身旁所處環境中的各種形狀、符號及物件，進行心象的表徵，符號對他們而言，就是真實的世界。因為想像空間靈活且不易受限，接受美的能力非常強。

美的感受力同時也是一種幼兒與生俱來的能力，但經常因為後天環境缺乏足夠的刺激，而造成幼兒在各種感官萌發的前期階段，無法獲得心靈上的滿足，導致對於日後身心上的發展產生了極大的阻礙與影響。

幼兒在學校的日常活動中，環境被視為一種「潛在課程」，幼兒園提供了學齡前幼兒重要的學習及生存的環境，藉由各種高品質環境與空間的創設，對幼兒未來的學習潛能有著極為深遠的影響，其中美感的置入是校園環境在進行規劃過程中，不可忽略的思考重點與構成要素之一。在幼兒的成長階段中，除了家庭環境

之外，另一個最具影響性的關鍵學習環境即是幼兒園，美國教育學家杜威（John Dewey, 1859-1952）認為，學習的成就來自於學習者與環境之間的互動。環境為有機體生長、發展其生命節奏的地點，同時具有空間與時間的意義。空間成了生命節奏發生場景，其中有機體的做與受得以獲得秩序；而時間則成為不斷在組織中的媒介，組織著人們生命的節奏。因此，每個從事幼兒教育工作的成人必須認真思考，如何在有限的資源中，開創並提供幼兒一個可以不斷累積創造力與美感經驗的學習環境。

本書內容以分享2至6歲幼兒園中的環境美感規劃與原則做為主軸，藉由實務上各種美感問題的分析與歸納整理，並收錄部分執行細節的內容説明，嘗試從不同的觀看角度與面向來

檢視幼兒學習環境中的視覺美感構成是否合宜，在透過全面性的美學統合與設計規劃之下，創造出更加溫馨自在，並充滿生機與美感的學習環境。相信在一個用心規劃並同時具備各種美感因子的環境薰陶之下，幼兒可以全面性的發展各種身體知覺與感官經驗，以建立出將來各階段成長與學習的重要核心能力。

幼兒創造力與美感的培養，關鍵在「感覺教育」

當環境被視為幼兒學習的第三個老師，如何在幼兒園中營造一個充滿啟發、隱喻及探索精神的學習環境，對於正處在高度身心發展的幼兒來說，極其重要。

校園環境中的規劃，除了各項基礎設施與教學上所必備的各種硬體資源配置外，還需要在過程中不斷地檢視整體環境所營造出來的空間氛圍是否具備和諧的美感，目的在促使幼兒能不斷經由環境中隨處可見的感官刺激與學習互動來增進創造力與美感經驗的提升，並且透過感覺教育的持續紮根與深化，使幼兒在成長與學習的過程中，能夠獲得充足的美感養分來蓄積面對未來的關鍵能力。

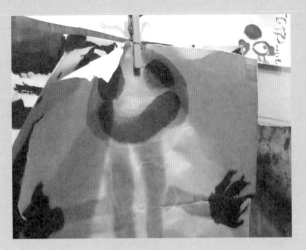

美感是指「透過感官去覺察美的能力」。近代「美感」一詞由包姆伽頓（Alexander Baumgarten, 1714~1762）所提出：他認為感覺的認知（cognitio sensitiva）就是美的認知。這種感知美的能力主要藉由感官作為媒介，將各種美的訊息加以接收與傳遞，觸動內在心靈的愉悅感受。

幼兒在豐富多元的學習環境中體驗生活周遭的自然物、人造物、聲音或形狀色彩等各種感官經驗，並同時覺察其中的樂趣與變化。

環境美感教育
對幼兒發展的重要性與影響

當校園環境做為美感教育的重要學習平台之一，任何幼兒在日常生活中所感知到美的存在經驗與連結，都是累積想像力與創造力的重要核心。在早期的各種感官刺激與遊戲的體驗與過程中，孩子無論在生理發展或美感知覺上都獲得了相當大的滿足，同時為往後的成長與學習奠定重要的基石。

1. 幫助幼兒發展早期美感經驗

幼兒時期最容易受到外在環境刺激而形成大腦神經的連結,施泰納(Rudolf Steiner, 1861-1925)認為從出生到7歲的幼兒正處於最佳美感經驗吸收與發展的關鍵時期,在此階段若不斷給予美感滋養和薰陶,將有助於幼兒未來的人格形成,同時在心理、情緒和創造力等都有莫大的影響。

2. 創造力的建構與提升

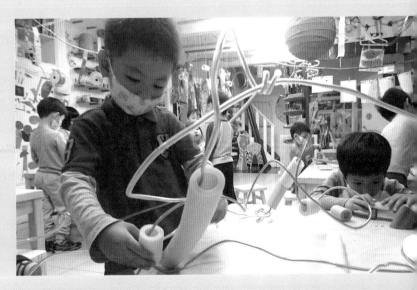

幼兒在充滿感官刺激的環境中學習,經由觀察、探索、操作與遊戲的過程,展現天馬行空的想像力與創造力。

3.

培養多元的鑑賞能力

通過感官與外在環境的相互
連結，幼兒在充滿美感的教
學情境中，進行各種豐富多
元的學習及體驗，並培養個
人獨特的審美與鑑賞能力。

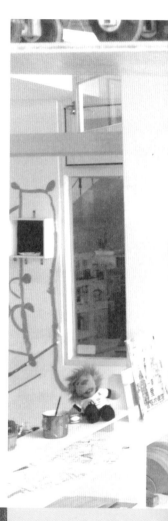

4.

能敏銳感受周遭美好的事物

在鼓勵探索與觀察的學習氣氛中，幼兒的
好奇心與美感知覺能充分獲得滿足。自然
環境擁有各種美的現象與構成，藉由觀察
力與想像力的彼此交織，幼兒敏銳的感知
能力得以持續發展。

5. 激發內在的和諧與正向情感

環境如同幼兒的另一個老師，學校必須創造
豐富多元的學習機會來發展個別興趣，並引
導孩子以積極正向的態度欣賞與累積解讀藝
術形式的能力。對此，幼兒的學習將更為寬
廣並具啟發性。

CHAPTER1 / 構成

Constitute

美的形式原理

人類與生俱來對於美即擁有敏銳且獨特的感受能力，
「美」對於一般人來說，雖然是一種抽象的表徵形容，但
從自然界及所有人造物的演化誕生過程中不難發現，美感
其實是有規則可以遵循的。當我們感受到一件物品、一個
畫面很美，或許是它的造形、色彩、比例、質感、結構等
元素在合宜的構成配置下，滿足了人們的視覺心理。
生活中潛藏著許多容易被忽略的細節與美感，當用心的觀
察與體會之後，會重新發現審美的視角與其構成美的原
理，包括秩序、平衡、對比、節奏、比例等，呈現在幼兒
學習環境的規劃設計中，是相當好的操作練習與應用。

秩序 (Order)

秩序是一切構成美的根本，當視覺被充滿規律性的元素所吸引，內心很容易產生一種井然有序的感受。無論在自然界或我們的日常生活環境中，都可以輕易接觸到具有秩序美感的事物，各自以不同的形式來表徵與展現。

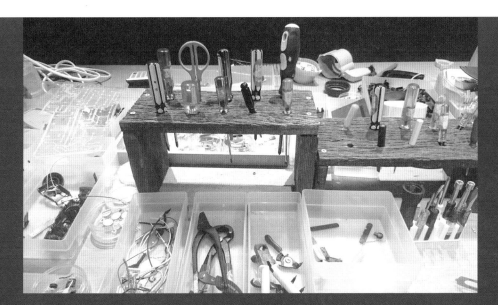

在校園內所規劃的各個學習場域中，所有提供使用的物件材料需依照不同的工具與材料屬性進行有系統的分類與整理，目的是在引導幼兒於使用及操作時能清楚地辨識各種工具及媒材所擺放的空間與位置。同時，空間中如果置放的元素太多，必須先執行歸納與分類的工作，將各種物件依照內容與形式的不同來進行系統性的排列與組合。

基底平台的設置可視為統整各式物件及作品
的有效方法之一，任何尺寸與形態上的差異
都得以安定整齊的規範於畫面或空間之中。

秩序 (Order)

反覆 (Repetition)

漸層 (Gradation)

對稱 (Symmetry)

平衡 (Balance)

調和 (Harmony)

對比 (Contrast)

比例 (Proportion)

節奏 (Rhythm)

統一 (Unity)

在構成原理中，**反覆**是相當容易展現的一種形式，將相同的造形或色彩進行周期性的並置與安排，能帶給人單純、規律的感受。由於形狀與色彩性質都沒有太大變化，因此當中並無明顯的主從關係。

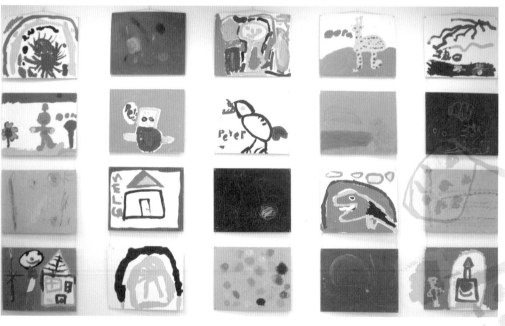

在教室空間中可運用反覆的原則，將具有視覺穿透性的材料由上而下懸掛，以作為不同學習區之間的空間區隔與轉換，除了增加環境美感營造時，材料選擇的多樣性，同時也使教室裡的整體空間感更具層次變化。

以重複性的構成設計，來做為物件與材料設置規劃上的重要依據，透過規律的排列組合，給人一種穩定且具連貫性的視覺感受。

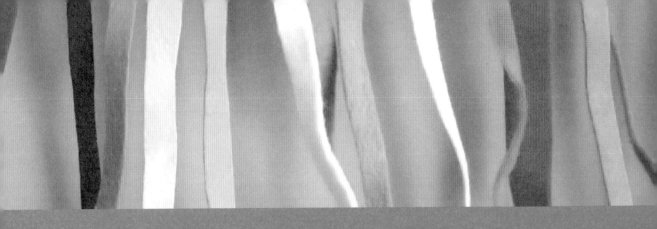

將各式媒材整齊的收納於
透明材質的容器中，這樣
的規劃能使幼兒輕易地進
行各種觀察與操作，並藉
由分層獨立的排列，凸顯
不同材質之間的差異與獨
特性。同時，因裝載素材
的容器在選擇上較為受限
與單調，因此在規劃內容
物的擺放時，必須應用節
奏平衡等其他原則來納入
考量。

漸層 (Gradation)

秩序 (Order)
反覆 (Repetition)
對稱 (Symmetry)
平衡 (Balance)
調和 (Harmony)
對比 (Contrast)
比例 (Proportion)
節奏 (Rhythm)
統一 (Unity)

視覺上將造形或色彩做出漸次變化,例如:色彩由深到淺、形狀由大到小、光線由亮到暗等。**漸層**帶給人一種和諧富變化的感受,基本原理雖與反覆類似,不同的是反覆只以相同單位的形態重複出現,較無變化,但漸層在視覺的感受上可明顯產生節奏感,讓人有生動輕快的感受。

透過色彩的漸層排列組
合，架構出畫面與空間
活潑生動的感受。
（左圖為旋按鐘）

對稱 (Symmetry)

對稱在所有的形式原理中最為常見,並且是相對安定平衡的一種形式。在自然界中可以輕易發現它的存在,像是最常見的各種植物及昆蟲,都有對稱形式的表現,另外在各式的建築設計裡,也經常可以見到空間對稱性的存在。

空間中維持一種平衡、莊重的感受,對於人類的情感頗具安定作用。

在對稱的空間形式中,演繹出展示物的多樣性表現。

秩序 (Order)

反覆 (Repetition)

漸層 (Gradation)

對稱 (Symmetry)

平衡 (Balance)

調和 (Harmony)

對比 (Contrast)

比例 (Proportion)

節奏 (Rhythm)

統一 (Unity)

對稱形式的條件必須是**平衡**，而平衡並無嚴格的形式條件限制。空間或畫面中先預設出視線中軸，兩旁分別置放不同形態，但視覺感受上質量卻均等的事物，可形成一種均衡的靜止狀態。

當不同形態與質量的物件並置時，可以透過彼此相互調節來取得視覺上的平衡感受。

秩序 (Order)
反覆 (Repetition)
漸層 (Gradation)
對稱 (Symmetry)
平衡 (Balance)

調和 (Harmony)

對比 (Contrast)
比例 (Proportion)
節奏 (Rhythm)
統一 (Unity)

針對材質的屬性進行分類與統整，能夠把造成空間雜亂的各種因素儘量排除。

將性質相近的材質、形狀和顏色並置於畫面或空間中，由於構成元素的性質類似且差異性小，賦予了視覺和諧沉靜的感受。

調和 (Harmony)

在進行空間規劃時，須將材質、色彩及環境光源等，同時進行評估與統整，隨意的擺設或色彩的過度使用，都會造成畫面或空間失去協調的視覺感受。

經由色彩的適當調和配置，整體空間融合了
材質屬性及色調上的銜接與一致性。

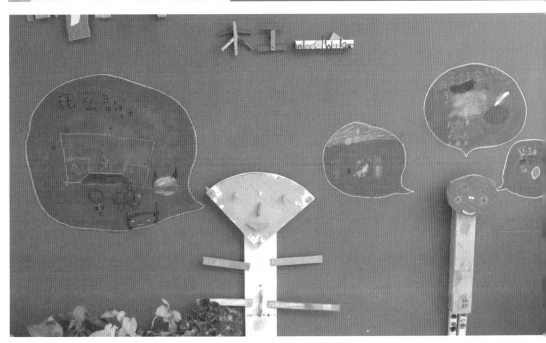

對比 (Contrast)

將兩種性質相反的元素並置，透過感官知覺的連結產生差異性的感受，例如大小、明暗、強弱等。**對比**原理的應用相當廣泛，包含日常生活及各種藝術形式的表現中都可以發現其影響性。在看似衝突的不同元素構成中，因人為的判斷與選擇而產生了獨特的差異現象，如果配置得宜，彼此之間可以互相襯托而各顯其美。

將多種色彩並存於畫面之中,並且產生明顯屬性上的差異性,其中補色對比的運用,例如:紅與綠、黃與紫、藍與橙等具有補色關係的色彩彼此交互呼應,給人強烈鮮明的感受。同時,從孩子不同形式與內容的創作表現中,也經常可以看見對比原理的多元運用與表現。

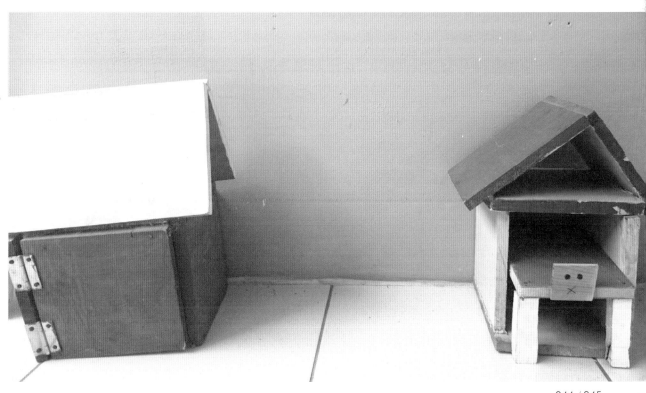

對比 (Contrast)

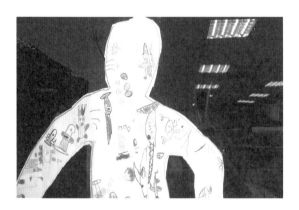

在規劃作品展示時，可利用色彩的對比與反差效果來襯托作品彼此間的差異性與整體空間中的賓主關係。

由於各種對比的元素容易在空間中吸引人的目
光，因此為了凸顯各種物件或作品之間的獨特
性，經常選擇對比的手法，來作為個別空間的
展示與規劃原則。

秩序 (Order)
反覆 (Repetition)
漸層 (Gradation)
對稱 (Symmetry)
平衡 (Balance)
調和 (Harmony)
對比 (Contrast)

比例 (Proportion)

節奏 (Rhythm)
統一 (Unity)

黃金分割 (1:1.618)

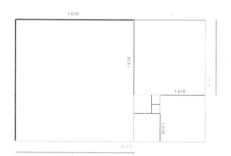

日常生活中對於**比例**關係的運用非常廣泛，同時也是影響美感的重要關鍵，例如：常見的黃金分割（1:1.618）被大量運用在繪畫構圖、雕塑和空間建築等藝術形式的表現，透過不同的數值來進行比較，不論長短的關係、大小的關係，或是寬窄的關係，都須經過比例原則的精心考量，來獲得美學構成上的表現。

比例 (Proportion)

建築與空間設計將比例原則,視為美學表現
上的重要依據。

環境中經常可以發現由各種線條所切割出來的比例關係,例如:可依照使用需求任意規劃空間大小的展示層架
(如上圖),透過間隔比例的調整後,整體空間的使用機能與視覺感受較富變化性。

參考比例原則所規劃的作品展示與物件擺放。

節奏是一種帶有律動性的視覺感，在規律或非規律的構成原理中進行週期性的交織變化，賦予人抑揚頓挫，又具韻律協調的感受。

透過各式造形及色彩的配置，教室內
的空間在視覺上產生流動的韻律感，
進而引發內心輕快活潑之感。

此空間為林傳諒建築師設計

秩序 (Order)
反覆 (Repetition)
漸層 (Gradation)
對稱 (Symmetry)
平衡 (Balance)
調和 (Harmony)
對比 (Contrast)
比例 (Proportion)
節奏 (Rhythm)

統一 (Unity)

統一與調和類似，都具有協調性的共通點，在一個複雜的畫面或空間中，尋找一個共同元素來整合空間，使整體感受不致於散漫無章。同時，在一個多彩的畫面中，較大面積或比例的色調，自然會成為決定整個空間調性的關鍵。

統一 (Unity)

基於教室空間中需要規劃與擺放的內容相當多元，因此當以統整各種物件功能為首要考量時，就必須找出各項要素之間的共通點來加以統合整體，其中大面積的色彩與材質運用，是最為適切理想的選擇及表現方式。

CHAPTER2 / 實踐

Practice

幼兒學習環境的美感
規劃與實踐

- 空間
  空間布局

- 色彩
  色彩運用

- 材質
  自然材質
  人工材質

- 光線
  光影表現

創造 —個可以讓幼兒不斷累積
創造力與美感經驗的學習環境。

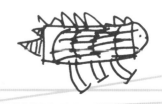

妥善設計並利用情境規劃來進行各種資源統合，促使幼兒可以在學習過程中產生感官上的刺激與連結，例如：學習區內的操作區域平台、壁面上的物件選擇與色彩搭配、規劃合宜的作品展示、植栽懸掛或擺設，以及輕柔悠揚的樂音等，都可以使幼兒學習空間更富變化性與美感。

space 空間

用「腦」思考，用「心」設計

無論是成人或幼兒都擁有對美好事物的追
求與渴望，如何使學習空間經由合宜的設
計規劃，進而產生質變與美感，關鍵在於
「講究」。

空間布局

幼兒學習環境規劃是一件極具創造力與挑戰性的工作，因為除了基礎空間的功能性配置之外，還需思考能否在有限的空間條件中，進一步提供豐富多元的學習資源以及喚醒各種感官知覺的環境設計更顯重要，因為它影響著幼兒未來在校園中的所有活動、探索、遊戲和學習的品質。因此，教師必須針對整體的空間條件、學習需求與環境美學等不同面向，進行審慎的思考與規劃，進而創造出擁有豐富**環境回應力**的學習空間。

在重新布局教室規劃之前,對於整體的空間條件(包含壁面、樑柱、水源、採光、家具等)都需要進行初步的檢視與評估,接著依照各區當中的學習內容,利用教室內的儲物櫃和家具桌椅,劃分出學習動線。此階段必須注意各區域之間的活動性質和整體空間功能的設置是否合宜,有時在不當的空間規劃下,容易導致幼兒在學習過程中產生相互干擾及學習專注力不易集中的現象,需特別留意。

依照各學習領域所需的空間大小,初步完成動線的
規劃與定位。

空間中大範圍的材質與色彩配置，
是作為學習情境轉換與提示有效的
方法之一。

學習資源的豐富度與多樣性，提供幼兒各種美學體驗的機會，例如：在空間中選擇適當的角落來規劃各種光影的表現，以及各種具光線穿透性教具結合鏡面、光桌所呈現出的豐富空間變化，不僅能提升幼兒敏銳的觀察力與視覺經驗，更靈活轉換了空間使用上的各種限制與可能。

科學區空間中的情境規劃與各式教學資
源，在精心的設計與安排整理下，營造
出鮮明的學習氛圍。

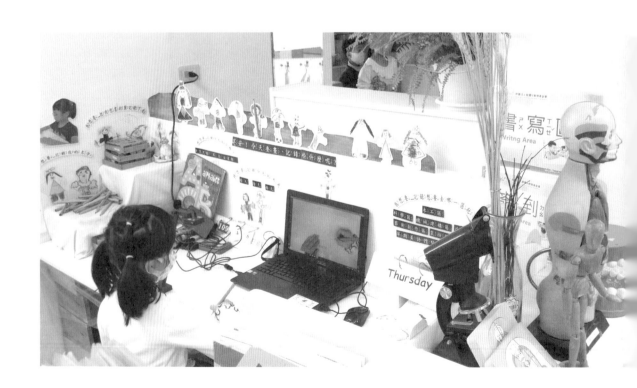

藝術創作區的工具及素材種類
繁多,規劃時可依照不同的創
作形式與內容,將各種媒材進
行分門別類的收納與整理。在
教室空間中,除了材料櫃可供
利用之外,壁面及天花板也相
當適合加以規劃運用。

陶土創作區
教室藝術創作空間的延伸規劃

教室外的閒置空間，原本只作為擺放鞋櫃的功能，但由於學習過程中，對於創作環境與空間上之需求，將其規劃為陶土創作的獨立區域。整體空間的規劃主要以自然材質為構成元素，利用木製棧板改造成作品展示架，並搭配各種相關創作參考資源與各式植栽來呼應材料本身所傳遞出的質樸美感。

（空間規劃前）

裝扮區的空間規劃應儘量選擇輕柔的材質及色彩來作為情境構成的基調，同時幼兒透過各種道具、
服裝與配件的搭配與角色轉換，也是豐富空間色彩的構成要素之一。

一般而言，幼兒搭建積木時需要較大的空間，因此可以規劃釋放較多的櫃面與壁面空間來擺放搭蓋過程中，各種搭配主題所需的小配件，以及相關參考圖片與各式手稿紀錄等。透過材質、色彩與造形的交互襯托，使活動空間具備豐富的紋理感知與視覺層次。

《親子天下》雜誌到台中愛彌兒幼兒園教室現場，拍攝「愛彌兒積木課程」
（見《親子天下 baby 季刊》2016 秋季號）

教室外提供另一處平台作為串連各種學習
體驗與創作展示功能的獨立空間,透過不
同主題與內容的情境規劃,延伸孩子日常
學習的互動性與豐富度。

把東西放在鏡子上，有什麼不一樣呢？

故事屋

2016年，日本著名繪本作家**長谷川義史**來到台中愛彌兒幼兒園留下親筆畫作，以及在校園中與孩子們互動的剪影，規劃布置在圖書空間的一角。

陶藝
教室

陶藝家林琄瑛老師在愛彌兒教室的展示空間

以自然材質作為整合展示空間的主要構成，
透過多元排列組合的呈現方式，
襯托出幼兒作品質樸與獨特的造形美感。

美術
教室

美術教室具備多元的空間轉化力，能提供幼兒
進行各種不同形式的創作體驗與表現。

幼兒藝術教室改造範例

美術教室全景（調整前）　　　　　　　　　　　　劉孟晉博士室內設計（千高台）

範例說明：

起初委請千高台視覺設計團隊所規劃的美術教室，在使用多年後施作了部分壁面翻修的工程，因而需要進行局部空間的調整與改造，整體設置規劃重點放在水墨創作區的情境轉換及增加儲物空間的功能。另外，燈光照明的配置也在這次的空間微調中，適度的融入整體環境。

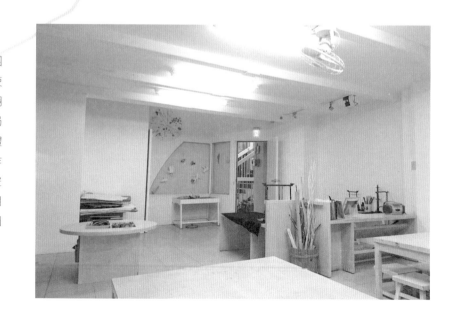

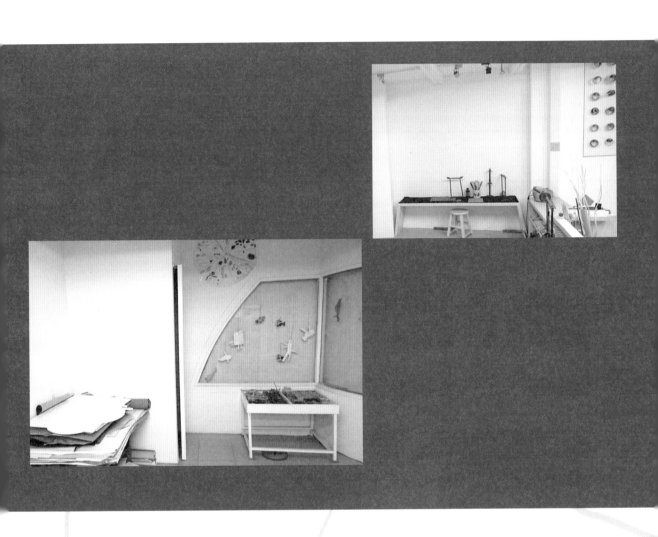

依現有的空間大小，製作
出符合收納與操作功能的
大型光桌。

多元材質與物件的交織運用，創造出豐富的
空間層次與視覺變化，同時提供幼兒各種感
官上的體驗與想像力的延伸。

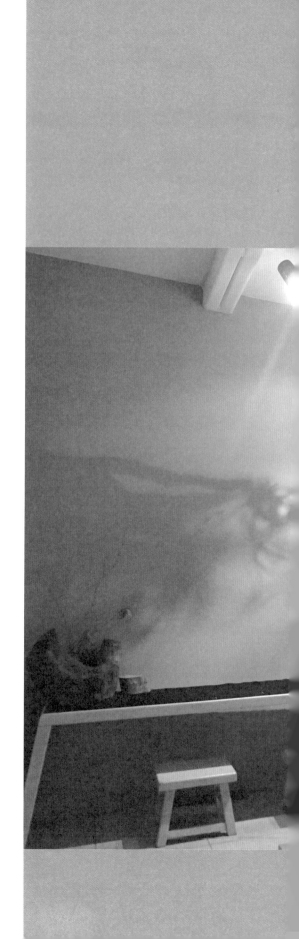

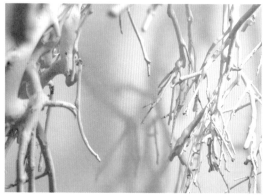

材質的結構轉換與光線配置上的相互呼應，能立即
轉換整體空間的調性與風格。

美術教室全景（調整後）

廊道壁面設計範例

藉由牆面大地色彩的舖陳，烘托孩子在木工創作中所留下的黑白記實影像，同時在空間中運用局部照明與自然素材的搭配來提升整體的環境溫度與氛圍。

校園內存在著許多大小比例不一的壁面，
若能善加運用，可規劃作為幼兒另一處絕
佳的創作與展示平台。

空間裡呈現了幼兒的各式創作，觀賞者能直接感受到作品所傳遞出的活潑筆觸與材質本身所散發出來的細膩質感。

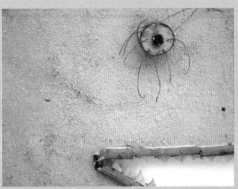

以圓為主軸作為壁面空間規劃
的主要構成，同時將作品透過
節奏性的排列與組合，同時增
加溫暖的光線照明來軟化空間
原本冰冷生硬的視覺感受。

戶外表演平台上規劃一組由孩子設計的造形桌椅，
搭配可任意移動的行動書櫃，提供不同以往的閱讀
體驗與風景。

邀請孩子一同參與
戶外閱讀區的部分
規劃與設計工作。

■設計草圖
（樹桌及葉子造形椅）

Color

色彩

色彩須經由光線的反射，通過視網膜上的感光細胞與大腦神經連結，而產生對色彩的感覺。在日常生活中，只要有光線的地方，我們就能輕易感覺到色彩的存在。

在幼兒園的教室空間中，有相當大的比例範圍是由周遭環境的色彩所營造出來，例如：牆面、地面、天花板及各式櫃體家具等。因此，合宜的色彩配置及運用是空間規劃初期必須詳細評估與思考的重要整合項目之一。一般而言，教室空間應避免過多強烈的鮮豔色彩，老子在《道德經》中曾提到「五色令人目盲」，就是類似的道理。身處在五顏六色的多彩環境中，眼睛一定感到眼花撩亂，視覺也容易變得遲鈍。除此之外，高彩度或高明度的色彩也都會對幼兒的視覺造成相當大的衝擊與影響，容易讓幼兒產生焦躁不安、注意力不足等情緒反應。因此，環境色彩的選擇與運用都須更加謹慎，以維持空間應有的秩序與和諧的感受。

Color

色彩主要可以區分為兩大類：

二、**有彩色**，為紅、橙、黃、綠、藍、紫等各種色彩。

一、**無彩色**，為黑、白及各種灰色等。

三、**特殊色**，為金、銀、螢光色等獨立色。

註：有彩色與無彩色之間，可以適度透過不同比例的交互混合，
　　產生各種明度與彩度上的豐富變化。

色相

高 ◀ **彩度** ▶ 低
色彩飽和度

白

高

灰 **明度**
色彩明亮度

低

黑

黃　黃綠
橙　綠
紅
玫瑰紅
洋紅　青
紫　青藍
藍

在認識和運用色彩時，首先必須有系統的了解色彩的
性質。不論任何色彩，皆具有三個基本的性質，一般
稱為「色彩三要素」（或「色彩三屬性」），也就是
色相、明度及彩度。

色彩屬性變化圖示

色料三原色

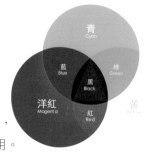

指的是青（Cyan）、洋紅（Magenta）、黃（Yellow）三種色彩，一般為專業印刷所使用。

青色混合洋紅色會得到藍色，洋紅色混合黃色會得到紅色，黃色混合青色會得到綠色，將色料三原色相混之後會出現近似黑色的色彩。

註：另一種在美術上所經常使用的三原色為紅、黃、藍，將其中兩種顏色相混合會產生間色，也稱為二次色，例如：紅色＋黃色＝橙色；紅色＋藍色＝紫色；黃色＋藍色＝綠色。當一種原色和一種間色相混合而成的顏色稱為複色，也稱作三次色，無論是間色或複色，透過不同比例的交互混合後，能夠產生更為豐富的色彩變化。

色光三原色是由紅（Red）、綠（Green）、藍（Blue）三種色光構成。由於這三種色光無法單獨再加以分解，也無法經由其他色光混合出來，因此稱為三原色。如下圖，紅色加上綠色成為黃色，綠色加上藍色成為青色，藍色加上紅色成為洋紅色，而將色光三原色相加會形成白色。

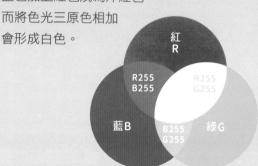

色相（Hue）是用來區別色彩的名稱，例如：紅、橙、黃、綠、藍、紫等。進行色彩研究時，通常把色相設計成環狀，此稱為「色相環」。

Munsell Color System

孟塞爾（Munsell）色相環

色相環 是將可見光區域的顏色以圓環表示，顏色依照光的波長，連續變化以環狀顯示，為色彩學常用的基本工具。在色相環直徑兩端的色彩，互為補色關係，例如：黃與藍、紅與青等，各為互補色。

明度（Brightness）是指色彩的明暗程度。以色光而言，指本身的光量；以色料而言，則是指反射的光量。色彩的明度表現和光線的反射多寡有關：光線反射較多時，色彩較為明亮，屬於高明度；相反的，當吸收光線較多時，色彩較暗，明度也較低。不同的色相會有不同的明暗表現，依明度高低的排列順序為黃、綠、紅、藍、紫。

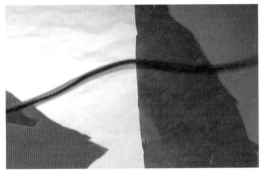

彩度（Saturation）是指色彩的鮮豔程度。任何一個「純色」都是彩度最高的色彩，也就是該色彩的最高飽和度。假設我們任意將一個純色加入白色，明度雖然提高了，可是色彩與白色相混後，同時也被稀釋了，彩度因而降低。同理，若我們將一個純色加入黑色，不但明度降低，彩度也同時會降低。

色彩
運用

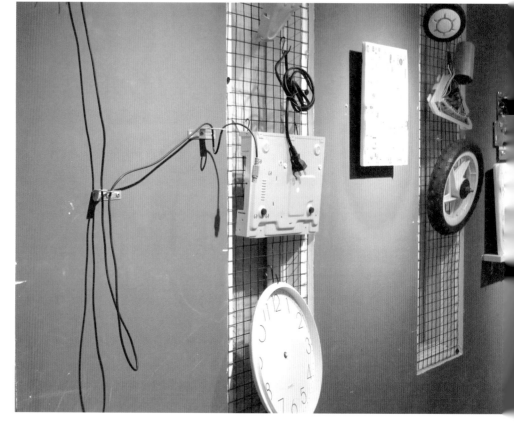

在幼兒的學習環境中，充斥著各式各樣的色彩，例如：地板牆面、家具物件，甚至幼兒每天身上所穿搭的衣服配件等，都直接或間接影響著環境給人的視覺感受。因此，在進行教室規劃與布置之前，必須先針對各個空間擬定各種色彩相關的計畫與方向，找到適合各個不同學習空間與環境的具體想法與布局，並隨時注意各種色彩的選擇及搭配應用是否合宜。

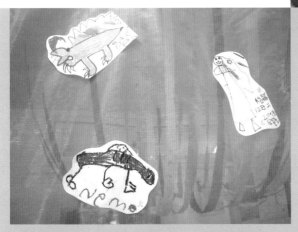

壁面在粉刷前,可以利用較小的版面,
調整出所需顏色的細微差異與變化。

可依照不同的空間屬性，來進行色彩評估與配置，例如：裝扮區的用色較為溫暖輕柔，科學區搭配低彩度的中間色調等。另外，須注意教室空間中大面積的色彩配置不宜過多，以免產生混亂的視覺感受。（註：教室在進行大範圍的色彩轉換前，最好能夠預先完成相關的準備工作。在著手進行壁面色彩的調整之前，應先調配出最合宜的顏色，然後再進行全面性的施作與粉刷。）

Material

材質

無論從生理上的視覺反應，或材料本身所傳遞出來的物理性變化，透過對環境中各種物件與材質的體驗，能使幼兒獲得感官上的刺激，同時也能使身體感知能力持續獲得累積與深化。因此，幼兒園應儘量提供多元的材質種類與形態，讓孩子在學習環境中能保有對於周遭事物的好奇與敏銳的觀察力。

學習環境融入豐富多元的自然素材，一方面可以促進幼兒體驗各種材質之間的紋理、質感、形狀及色彩等，同時透過自然材質的點綴，能增添整體空間的自然感受。

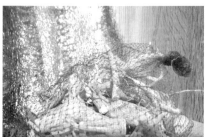

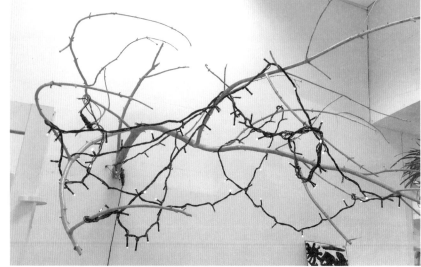

自然素材的介入與運用拉近了
人與自然之間的距離，同時也
豐富了原本生硬扁平的空間肌
理與質感。

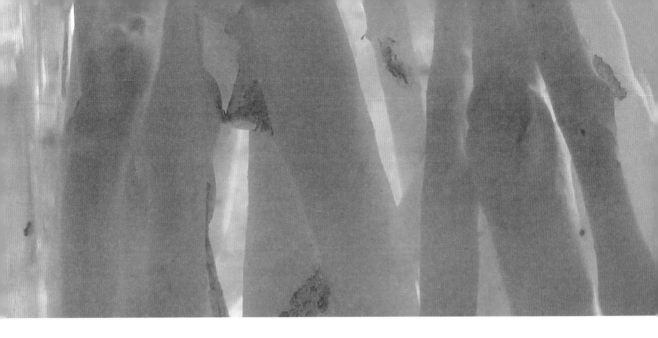

孩子在充滿自然材質的學習環境中，體驗木工創作的樂趣。

從分類到運用，呈現出自然
素材本身的豐富樣貌，以及
操作運用的多元性。

當科技發展愈快速，
人類的生活在不知不覺中充滿了愈來愈多的人工產物，
因而導致與自然接觸互動的機會逐漸減少。
對於處在身心快速萌發階段的幼兒來說，
影響極其深遠。
因此，創造知性又柔軟的學習環境，
能有效啟動深藏在小小身體內的珍貴感知能力與
獨特細膩的觀察力。

室內植栽

人類對於自然的嚮往經常反映在我們生活周遭的環境中，公園綠地、庭園造景，還有隨處可見，家家戶戶精心擺設的各式植栽，都傳遞出一個訊息，那就是「人類與自然的關係是緊密相連，且無法分割的」。因此，當幼兒園作為孩子們日常生活中，另一個重要的學習場域時，校園環境的綠化與美化，就成為不可或缺，且值得正視的課題。

在室內布置植栽，其目的在提供幼兒一個充滿綠意與生氣的學習環境，同時植栽的種類與枝葉造形、花色變化等，也都能立即改變環境在視覺上所給予人的感受。除此之外，綠色植物也能有效的調節室內空氣品質，並提供幼兒進行觀察及作為認識各類花草樹木的學習機會與管道。

（上圖為愛彌兒教室空間所使用的植栽數量）

室內常用植栽

小型植栽／

吊蘭：無毒、易繁殖，是常見的家庭養殖盆栽，四季常綠，在環境中有很好的點綴效果，具有淨化空氣的能力。

黃金葛（綠蘿）：屬半日照植物。生長迅速，耐陰性強，容易種植，是相當好的空氣淨化植物。

常春藤：多年生常綠藤本植物，易繁殖，可淨化空氣、吸收有害氣體。

波士頓腎蕨：容易照料且翠綠茂盛的植物，因為有很強的空氣淨化能力，因此經常被擺放在室內空間。

中大型植栽／

琴葉榕：無毒，外觀有著類似提琴造型的大葉片，是理想且具觀賞價值的室內植栽。

龜背竹：極為耐陰，長年碧綠的大型盆栽。

蒲葵：葉片清翠並富有光澤，可以為室內空間增添許多綠意。

福祿桐：具淨化空氣功能的觀葉植物，喜歡光照明亮的環境。

現代生活非常依賴各種工業材料所製造出來的各式商品與物件，這類經由非天然材質所開發出來的產物，便利了我們日常生活所需的各種使用功能與用途。綜觀這些材料本身的材質、造形及紋理，都反映出相當鮮明的屬性與質感，例如：堅硬、柔軟、粗糙、光滑等。因此，在幼兒學習環境中，可以蒐集各種安全且易於操作的各類人工素材與物件，讓孩子在探索與體驗過程中，賦予媒材不同的認知與想像。

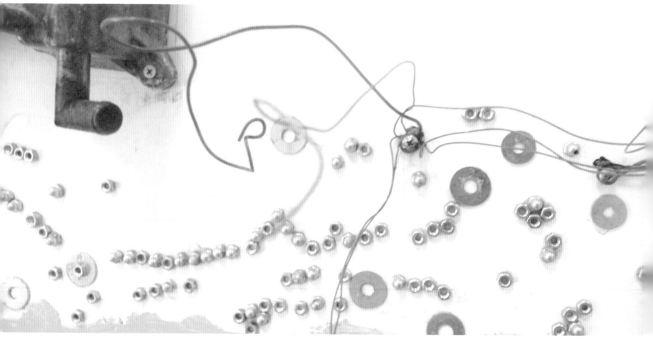

人工材料有著鮮明的質感與豐富的色彩變化，透過
不同的排列組合與各種藝術形式多元表現，能強調
材質本身所賦予的強烈視覺感受。

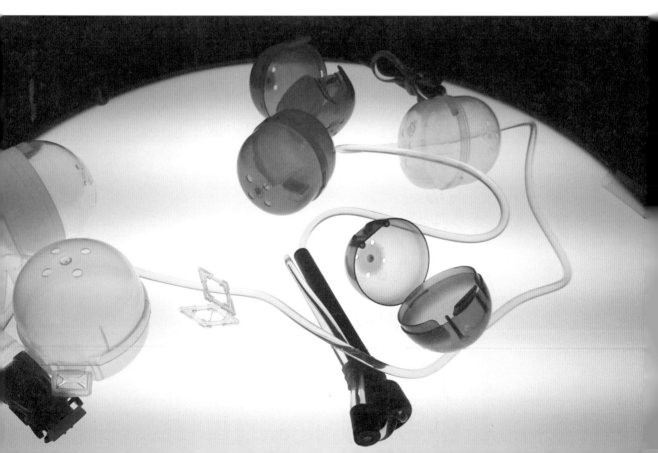

Light

光線

「**光線**」在幼兒的學習環境中，具有多重的意義與功能，除了基本的空間照明之外，同時也提供幼兒作為與外部環境的重要感知連結，以及各種遊戲體驗的重要元素之一。因此，對於教室內部空間與外在環境的光源條件，在進行規劃設計及調整之前，都須全面的進行檢視與整體評估，其目的是無論在室內空間光線的營造，或是自然光源的運用，都能透過精心的安排與規劃，引導幼兒對於「光」能有更深刻的理解與想像。

人工光源的變化
與運用，為環境
創造出鮮明多變
的色彩。

透過人工照明的配置，一方面彌補了空間先天上採光不足的問題，另一方面也透過間接光源的設定，為空間增添豐富的層次感。

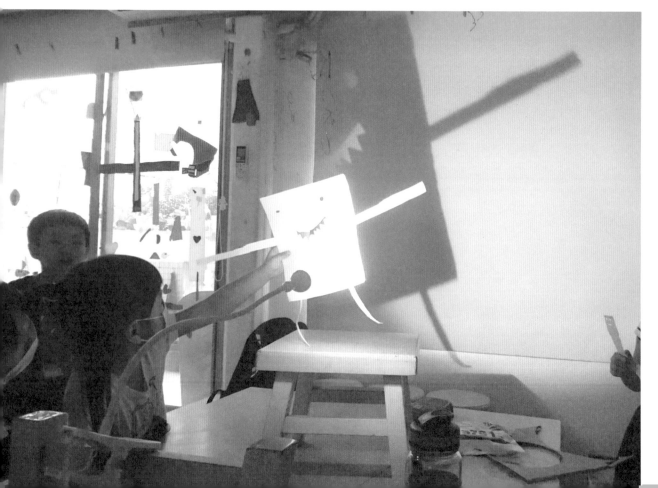

「光」不但使身邊的事物得以具體呈現，同時也提供幼兒從各種光影
遊戲的操作體驗中感受光線所幻化出來的豐富表情。

教室燈具

傳統教室的光源較為單一且缺乏變化，主要功能是提供幼兒在學習的
過程中，能夠獲得足夠的空間照明，且法規上也明訂了相關的規章與
標準。然而，在基本的規範與要求之下，空間中或許可以嘗試增加其
他不同的光源類型，以渲染整體空間環境帶給人的美感聚焦與溫馨的
視覺感受。

溫暖的光線能夠讓整個空間柔軟起來，並且成為
有效提升空間美感品質的重要元素。

Lighting

教室內運用不同素材所製作的各式造型燈具。

CHAPTER3 / 轉化

Transform

空間機能與美感形式的運用與表現

學校作為家庭及社會之外的重要學習場域,因此無論從空間機能的規劃或是環境美感的營造上,都應該以設計結合思考的角度出發,提供各種具備學習轉化力的環境作為主要的資源平台,以促進幼兒參與體驗、探索、遊戲及多元互動的表現機會。透過學習空間及校園環境在美學品質上的不斷檢視與精進,教師與幼兒得以突破各種物理環境的限制,進行各種短、中、長期的相關活動與學習體驗。

校園裡的四季變化提供幼兒觀察及體驗自然之美，
同時，也將戶外環境視為另一個發揮想像力與創造
遊戲的理想空間。

延伸戶外教學所進行的自然觀察與體驗，
透過二次創作的呈現方式，轉化成為教室
裡的美感角落。

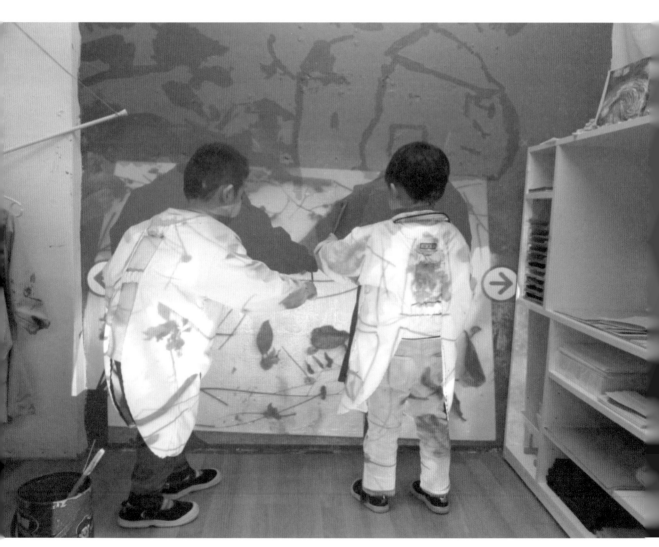

從肢體遊戲與大型彩繪的結
合創作中,幼兒能體驗造形
及色彩的純粹美感。

幼兒擁有參與各種校園環境美學議題
的機會，學校裡的每一個角落都可以
發現他們運用各種生動筆觸與色彩所
留下的美麗足跡。

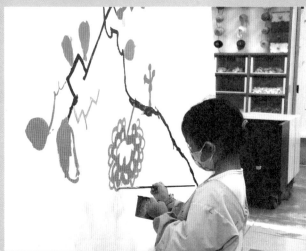

配合每年重要節慶所安排的情境布置，在過程中，孩子參與大型彩繪創作，並展示於校園大門。

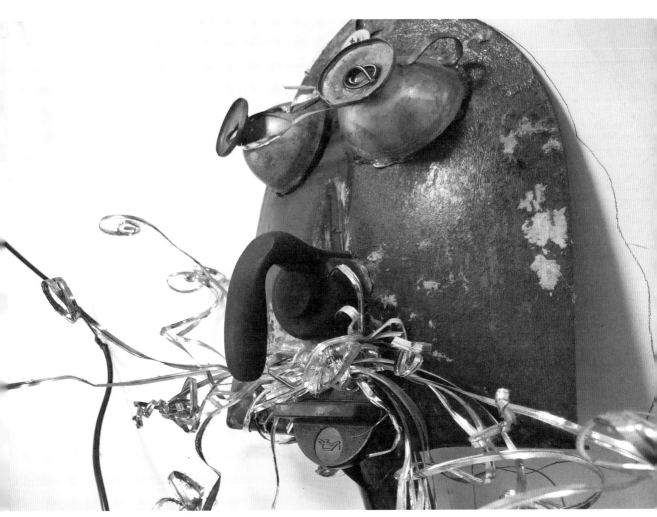

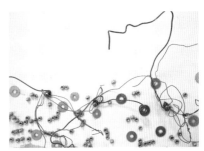

將**教室**外部壁面作為經常性的公共展示空間，孩子從各種廢棄零件與鬆散材料的探索中，體驗人工物件的獨特造形與質感，並且靈活的展現各種創作技巧，將質感生硬老舊的回收物，成功幻化成為一件獨具造形美感的作品。

小木屋與校園四周高聳的住宅大樓
形成有趣的視覺反差。

菜圃旁原本規劃一座擺放園藝工具的小木屋，因年久失修，整體空間及結構已不敷使用，遂進行新木屋的改建計畫。在規劃過程中，孩子共同參與小木屋的造形設計，並協同精通木工的司機叔叔，一起完成新木屋的搭建。

生活中存在著許多不堪使用的廢棄回收家具，若能善用巧思，將物件的功能與造形重新進行解構與重組，不僅能提供孩子學習與操作上的靈活度，從環保的視角來看，也別具意義。

範例說明（一）：

這組活動投影幕是利用廢棄的木質嬰兒床所重新組構而成，擁有便利的機動性，因此不易受到空間上的限制，除了提供孩子各種光影遊戲的操作使用，同時在環境的規劃與運用上，也具備靈活的空間轉換力。

家長接待室旁的空間一直都以展場的功能來使用，除了固定提供校內活動與幼兒展示各種學習成果及創作的空間之外，也是一個連結師生與家長互動交流的重要場域之一。

範例說明（二）：

展場中規劃大班孩子幼小銜接課程的成果發表，整體空間以空心大積木結合不同尺寸規格的木料來建構出展示所需要的壁面與展示平台。同時，依照預定計畫，逐步完成布展工作，最後運用植栽與局部的投射照明，來修飾整體展場所呈現的空間效果。

大班幼兒的幼小銜接成果展示會場一隅。

範例說明（二）：

以紙材特性的探索與體驗作為創作展出的主
軸。透過未經修飾的木頭裌板及工作平台所呈
現的原始質地與紋路，加上以紙為材料所製作
而成的燈具組合，無論在作品的表現形式或整
體空間所形塑出來的視覺感受，都將材料本身
的純粹性化為聚焦空間美感的主要構成。

從單純的材質特性與造形
變化中,創造出豐富的空
間景深與層次變化。

校園裡的一處角落空間，經由色彩、材質與光線的
規劃，成為孩子進行機械建構的獨立場域。透過空
間中的各式工具、機械物件，讓孩子在解構與再建
構的操作過程中，開啟視覺、空間的知覺能力。

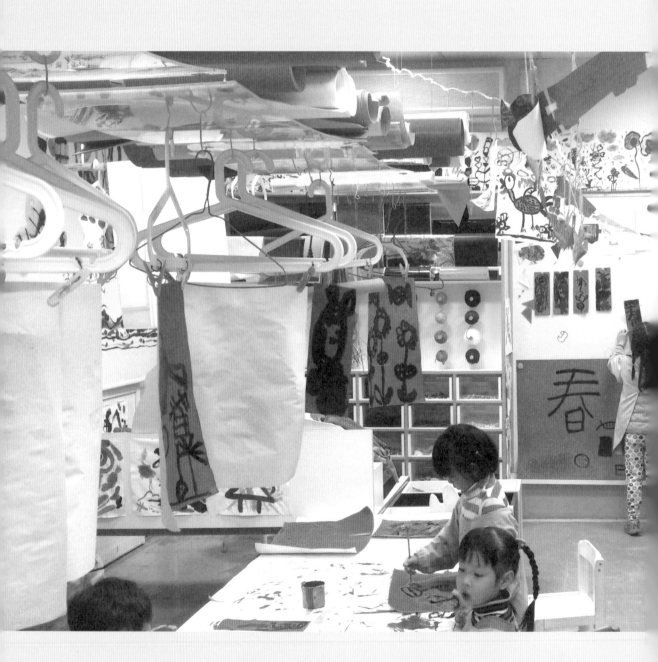

在每年例行性的春節活動規劃過程中，提供了
孩子一同參與校園情境設計的機會。藉由各種
表現題材與創作形式的交互運用，展現出作品
中的獨特風格與韻味。（圖中的孩子正為即將到
來的農曆春節校園情境布置，進行相關主題的創作）

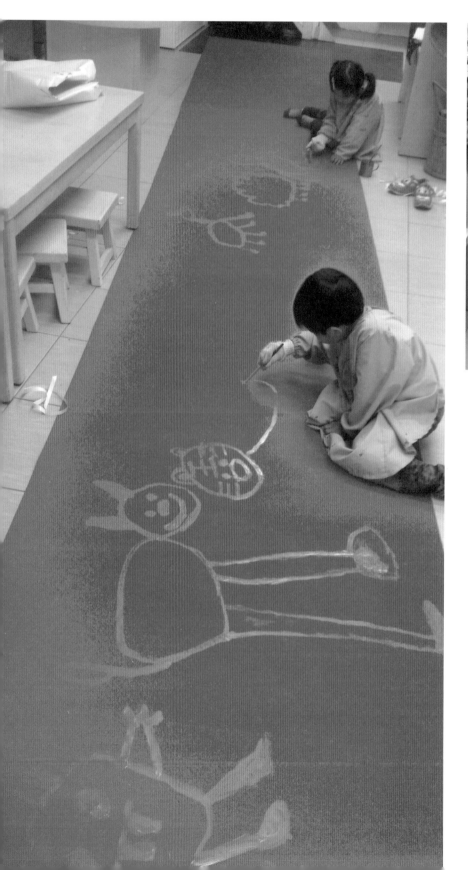

從孩子所創作出的造形圖像中
加以整合運用，並結合
傳統剪紙藝術的表現形式，
轉化成為一件聚焦視覺與
操作體驗的大型空間裝置作品。

孩子運用剪紙的創作技巧，與教師們
共同合作參與校園裡的年節布置。

經營一個具有美感的幼兒學習環境，教師在過程中所扮演的角色相當重要。幼兒階段的成長與學習，應積極發展出各自獨特且敏銳的感知能力，倘若在此重要階段中能夠給予一個高品質創設的美感學習環境，無論在幼兒的生理與心理發展過程中，都產生相當重要的關鍵意義與影響。

因此，如何在平時透過自我察覺與省思的練習，來探索並累積足夠的美感素養，是每位從事幼兒教育工作者的重要任務與挑戰，如同漢寶德教授所言：「美，應該從生活中很自然地體會到，看多了美的事物，養成眼睛的審美判斷力，就會慢慢形成一種力量，一個國家的力量。」

CHAPTER4

Q&A

與侯憲堯老師的訪談對話錄

張心盈
嘉義大學幼兒教育研究所

Q1：
教室布置時，常常覺得顏色太多、太雜亂，對於色彩的運用應該注意哪些重點與原則？

侯：

造成教室雜亂印象的因素有很多，其中缺乏空間色彩規劃，以及不當運用色彩所產生的問題，確實是主要的成因之一，需要特別留意。建議在規劃教室的用色問題之前，應先掌握以下步驟與原則：

1. 色彩計畫

色彩配置必須在教室規劃的前期階段就做好評估與計畫。環境中所選用的各種顏色，需要配合教室整體與各學習區的情境規劃和需求來進行搭配。由於教室出現的各種色彩很容易吸引幼兒的視線，並間接影響幼兒的情緒、智力發展及學習的專注力等，因此教師必須謹慎選擇色彩在空間的配置與運用。舉例來說，幼兒需要適當的環境色彩來刺激視覺，可是我們最常看到的情形卻是，教室經過教師們用心的規劃與布置之後，色彩卻成為視覺混亂與空間壓力的主要來源之一，其主因就源自於沒有事先做好空間色彩的計畫與控管，進而影響整體的視覺感受。

一般而言，教室的色彩配置必須包含色彩屬性與空間比例在內的規劃原則，才能呼應空間的整體性。像是教室空間中較大面積的色彩（如地面、牆面）儘量不要超過三種，且顏色之間要保有一定的距離，才能形成空間屬性上的區隔，而不易造成視覺混亂與失焦。另外，各學習區的色彩選擇及配置，都應達到讓幼兒視線能輕易進行轉換與聚焦的功能，透過合宜的色彩配置來創造及平衡空間中的美感氛圍，並傳遞色彩所賦予人類心靈上的獨特共鳴與迴響。

利用大面積的色彩鋪陳，營造空間的視覺焦點。

2. 運用原則

教室裡的色彩經常會隨著時間的推移，在不知不覺中增加或改變。如果教室布置的過程當中沒有妥善做好相關色彩的管理，就容易失去對教室內各種物件色彩的掌控度，再加上幼兒每天穿搭的服飾與配件的顏色，便易使教室顯現出雜亂的視覺感受，對於幼兒的學習與發展可能形成隱性的負面影響。

有鑒於此，建議有心致力於提升學習環境美感的教師，平時不妨透過各種學習的管道與平台，吸收各種色彩運用的知識與技巧。舉例來說，經常瀏覽關於幼兒學習環境設計與規劃的相關網站，透過大量影像的閱覽來累積個人的美感經驗，有了初步對環境美學的認知與體會之後，進而了解空間與色彩的表現其實是需要透過縝密的思考和規劃，如此才能達到應有的成效。在執行與運用上，當教室牆面需要運用多色彩進行組合時，其色彩不宜太過強烈，飽和度也不能太高，可透過調色的方式（加入適當的無彩色）適度的降低彩度，用較為輕柔的色彩配置作為基底，穩定整體空間的各個牆面，接下來再進行各種情境上的規劃與布置。如此，空間中因學習所需呈現的各種物件，便能在賓主合宜的色彩搭配下各顯其美。

3. 材料選擇

(1) 紙材

儘量不使用現成的廉價紙材直接裱貼於牆面，市售的紙張品質優劣不一，若因成本考量而選用了便宜的紙材，除了顏色的選擇較少之外，執行上也往往需要耗費較多的人力及時間成本來換取該有的質感表現。

(2) 漆料

建議使用無特殊氣味的水性環保漆來進行壁面粉刷，並以白色為基礎色，適度加入各種顏色的色母和水（控制濃稠度）來調色，過程中應仔細觀察色

彩的變化（切記不宜一次加入過量的色母，以免造成漆料的浪費），將調好的漆料先嘗試小面積的塗刷於牆面的邊角，乾燥的過程會產生些許的色差，因此必須等到試刷的壁面已確定完全乾燥，確認色彩無誤後，再進行全面性的粉刷工作（小面積和大面積的色彩感受會有些許差異，需仔細進行比較與評估）。

Q2:
假如空間裡的硬體設備（如教室裝潢與各式儲物櫃）已經無法改變，還可以做哪些功能與美感的改善？

侯：

綜觀目前常見的教室空間，整體風格的呈現多半是藉由裝修設計的鋪陳，再加上各式功能性的家具來作為基礎配置，但有時過度強調設計風格的手法，反而會導致教室空間機能不易隨幼兒的活動需求來加以更動與調整。因此在執行規劃之前，可以嘗試將各種空間的優劣條件一一列出，醞釀並整合出一個最適合幼兒學習的空間規劃方案。

在進行教室硬體設備調整之前，可以先針對各個學習空間與動線進行評估，經過完整的討論與規劃後，再依照實際條件及幼兒的學習需求進行調整。一般來說，如果各種儲物櫃（如書櫃、教具櫃、材料櫃等）是可以移動的，不妨試著直接依照計畫，透過不同功能的櫃體，將空間進行初步的劃分，同時也必須注意教室整體視線上的穿透性與空間前後高度的變化。除此之外，教室裡的各個牆面也需一併進行規劃，有些教室的壁面在原始裝修時就設計了許多功能性的造形展示區，雖然提供了教

師和幼兒在布置與展示上的空間利用，但這樣的作法，有時也限制了教師在規劃與使用時的空間運用與靈活度。一個適合幼兒學習的環境，必須具備相當的轉化力與彈性（transformability and flexibility）。透過非固定式的學習環境規劃，幼兒與教師將獲得更多探索、討論、操作與體驗的機會。

舉例來說，教室裡常常能看到許多大型固定式的儲物櫃，供幼兒放置個人物品，其中有些採用開放式無門片的設計，每個儲物格在擺放各種物品後，教室內的視覺感受就經常顯得十分雜亂。類似的狀況可以運用以下方案來嘗試排除：a. 針對櫃體進行局部的翻修（如加入活動門片），將視線中造成雜亂的根源加以遮蔽與排除。b. 選擇適合的軟質布料（如素色胚布）覆蓋於櫃面上及部分儲物格（以不超過整座櫃體高度的三分之一為原則）。c.將櫃面視為教室中另一個具備展示功能的多元平台（如下圖）。

Q3：
教室裡的教具或植栽要
如何擺設才不會顯得雜
亂？

侯：

1. 教具

教室裡的教具擺設應該要有一定的秩序與規律，較大型的
教具可放置於櫃面上，但須考量基本的擺放安全問題，並
依尺寸造形進行組合搭配，較小或零散的教具則可以置放
在籃子裡，原則是讓幼兒的視線容易看到且拿取方便。另
外，在裝載教具的容器選擇上，建議不要有太多鮮艷飽和
的色彩或質感變化，能清楚凸顯出內容物為主要的選項，
一般來說，建議以淺色系為佳（如白色、米色、原木等色
系）。假如教室內的家具櫥櫃有多種不同的材質和顏色，
在儲物籃（盒）的選擇上就必須更加謹慎，廉價的塑膠製
品與彩度太高的品項都不是好的選擇。

2. 植栽

設置植栽時須對於教室空間、植栽的數量及種類進行初步的評估。一般來説,建議在教室布置與整理的最後階段,再依各個空間需求來進行配置。擺設時要注意空間整體的變化與流暢性,包括上到下、小到大、聚到散,以及選擇適合擺放的植栽種類等。

Q4：
如何透過懸掛的技巧來
呈現教室整體空間的變
化與豐富度？

侯：
幼兒學習空間給人的視覺感受除了受到各種造形及色彩的
影響之外，環境裡的空間變化也是影響教室整體美感的重
要因素之一。開闊的空間雖然讓幼兒有不受拘束與自由的
感覺，但相對也使他們在學習上比較不容易靜心駐足與停
留，因而影響學習的專注度與持續力，因此選擇並運用不
同的懸掛技巧來增加空間變化確實是有效的方式之一。
每間教室的高度與空間感都不盡相同，透過適當的物件懸
掛能夠有效的改善原本較為單調的空間。常見的使用媒材
和表現方法有下列幾種：

1. 軟質布料
布料是教室布置經常使用的重要元素，選擇上要注意材質
與色彩的適當性，基本上以單色且淡雅的色系為基準，過
分複雜的花紋圖案或高彩度的鮮豔色彩都應儘量避免。

2. 自然材料
教室內的空間規劃通常會偏向以硬體設計為主的風格呈
現，如果空間環境條件許可，應該思考如何將自然素材依
照需求規劃進教室裡，以增加空間上的運用與變化。

3. 圖卡文件

隨著幼兒在學習上的需求，教室裡的特定角落與空間需要不斷提供輔助性的參考資料，這時除了壁面的張貼方式之外，透過裱板懸掛的方法來呈現也是相當不錯的選擇。

4. 作品展示

一般來說，教室裡的藝術創作區在一段時間之後，會累積許多不同的個人作品或集體創作。部分作品在完成之後，除了讓幼兒自行帶回，教師也可視作品的形式、媒材及尺寸來思考展示方法，其中包括櫃子及桌面上方的空間也都可以向上延伸作為展示之用。

Q5：
教師要如何將生活中的各類物件融入教室環境的規劃中，以貼近幼兒的生活經驗？

侯：
教室裡的各種媒材與物件能提供幼兒進行觀察、探索、遊戲及創作等功能，教師可以依各種生活物件的屬性與種類來加以評估選擇，透過精心安排將其呈現在教室內外各個適合的角落，例如：在重要的文化節慶前，教師可以預先蒐集資料，找尋節慶相關的物件融入教室的情境布置（有時也可以另外選擇教室外的獨立空間來進行規劃），過程中可以隨時依照不同階段的學習需求來進行相關情境上的調整。

將各種可供觀察與探索的自然材料規劃在教室一角。

Q6：
教室情境布置過多時會
感覺雜亂，規劃太少又
顯得空洞，兩者之間要
如何取得平衡？

侯：

教師在進行教室布置時經常會遇到類似的問題。一般而言，教室裡都會清楚規劃出不同的學習區塊，並且儘量做出各個學習角落的屬性區隔，其主要目的是讓幼兒能在有限的活動空間中，自由的轉換學習。確實有些教師在布置教室的過程中過分使力，造成投入大量的時間卻沒有達到預期的效果。

首先，空間布置重質不重量，想要有好的成效，必須好好的針對現有空間進行條件評估與規劃，當中包括色彩的運用、教具與媒材的配置與擺放，以及各類作品的展示張貼等，都必須在設計規劃的過程中不斷的加以檢視。建議教師可以在進行教室布置到一個階段後，開始縮小範圍來檢視，並針對個別區域進行觀察與整裡，試著找出造成空間雜亂或空洞的原因，若能先從小區域的調整來進行練習，慢慢就能累積出足夠的視覺經驗，進而改善較大格局的空間美感問題。

教師可以隨時在教室裡進行
小區域的美感計畫。

Q7：
如何靈活運用教室裡的燈光？

侯：
一般來說，教室裡的光線（自然光除外）大部分都是日光燈管所投射出的白色光，但空間裡只有單一色彩的光線是不夠的，必須融入其他較為溫暖的光源或其他特殊用途的間接照明，例如：桌燈、吊燈、立燈、投射燈、投影機等，都能直接或間接的影響教室空間的學習氣氛與功能。

當教室裡的自然光線不足時，室內燈光的使用就顯得格外重要。人工光源不像自然光線會依時間的變化而轉換不同的樣貌，因此要在教室透過燈光來增加學習環境的視覺豐富度，就得要好好針對各個空間的需求做選擇，其中包括燈具的樣式與燈光的顏色。

教室內的照明設備通常以天花板作為主要的設置點，由上而下均勻的將光線傳遞到整個空間，雖然亮度充足，卻也造成光線的方向與功能過於單一，缺乏變化。為了配合相關法規的要求，使得教師對於光線在教室中所扮演的功能與角色認知普遍不足，其實在幼兒學習環境裡可以提供不同的光源樣貌，而非只有純粹的直接照明功能。透過不同性質的光源設定，既能滿足一般學習環境對於光線亮度的基本需求，同時也能在不同的時間軸線中，提供豐富多元的燈光變化來滿足幼兒日常活動與學習上的需求。

教室裡的各種間接光源，能提供孩子多元的光之體驗。

Q8：
如何讓教室中各個學習
區的情境布置更具整體
感？

侯：

建議教師在展開教室布置之前，應預先擬好計畫，針對各
角落的環境條件與學習需求進行深入的評估，有了初步的
想法之後，再依照排定的進度來執行，等布置得差不多，
需要再一次環顧整體空間，觀察各區之間是否有需要加強
的地方，包括色彩、燈光、材料、擺設等。

總的來說，可以想像教室是一間偌大的工作室，裡面須依
照工作內容及屬性去安排各式所需的工具、材料與家具，
假設每個獨立的工作區域都能規劃合宜，空間中除了具備
基本的功能與需求之外，還能在每天的活動中體會到各種
美的存在，應該是一件令人感到愉悅的事。因此，教師對
於教室布置的認知及規劃，必須採取更為積極正向的態度
來面對，經常的進行檢討與審視，將發現的問題進行即時
適當的調整。最後，教室能否有系統的持續管理與維護，
更是每一位教師所面對的最大挑戰。

Q9：
教師該如何提升自己的
美感經驗？

侯：
美感並不是每個人生下來就具備的能力，但對於
生活中美好事物的追求，卻是我們不斷渴望擁有
的。經常有教師自嘲美感不足，導致進行教室布
置時無法達到自己所設定的目標，因此過程中經
常出現許多的溝通與討論。其實美感是一件相當
主觀的個人感受，同時也深受文化與環境上的差
異性影響，想要在這方面擴大自我充實，持續不
間斷的體驗、吸收、實作與自我檢視是必經的重
要歷程。

1. 多看
透過視覺經驗的累積來增進美感是有效方法之
一。由於我們周遭環境充斥並夾雜著許多美與不
美的事物，累積足夠的觀看經驗，可以讓我們做
出適切合宜的美感判斷，這其中包含了許多關於
腦內視覺神經對於美的構成原理所歸納出的綜合
性連結與反應。如果在生活中可以持續養成觀看
美好事物的習慣，久而久之，眼睛就能慢慢累積
並擁有對於美的判斷力。

2. 實作
另一個增進美感的方法是透過計畫性的練習與實
作。當教師們的內心開始對教室美感問題的存在
與否，以及必要性有了初步的認知與自我覺察，
並且期待進行改變與調整時，做好充分的事前準
備工作可以減少許多時間及人力的損耗。建議初
期可以先從模仿開始著手練習，透過大量參考資
料的蒐集，統整並歸納出適合運用在教室的布置
風格、元素與技巧，過程中設定好目標，從小區
域開始操作練習，慢慢累積實作經驗，再逐漸擴
大延伸至教室其他範圍的大區域空間。

Q10：

雖然對教室布置有想法，但實際操作卻不盡人意，想要規劃一間具有美感的教室，是否有步驟可以依循？

侯：

在進行教室情境布置之前，有許多需要事先規劃與思考的地方，像是學習動線、家具、光線、材質、色彩等空間裡的基本架構，在進行初步的規劃與調整之後，接下來才陸續進行包括空間豐富性、完整度及美感層次上的表現。整體規劃步驟大致如下：

1. 環境評估

首先，教師需要先對教室進行全面性的檢視與評估，包含各種空間條件的現狀及未來規劃的方向，都可以先在腦海中加以構思，並且透過各種參考資料的蒐集來支持內心的想法，以便在布置之前能有較為明確的方向。

2. 計畫執行

在完成教室空間的整體評估與計畫之後，接下來可以依照進度展開各個學習區域的布置工作，在過程中偶爾會遇到執行上的困難遠遠超過原先的規劃，或者執行計畫的中途出現更合適的方案，都應該及時做調整，以符合空間的功能與學習的需求。

（空間規劃前）

3. 美感統整

空間美感的整合是一件較為複雜與抽象的工作與任務，常常可以發現教師在這個階段的布置過程中，因為經驗上的欠缺，導致花費大量的時間卻沒有獲得相對正向的評價與回饋，實為可惜。因此，在計畫美感整合時，建議先對基礎美學有一定程度的理解與認識，才能在實際操作時，靈活的加以運用。

4. 省思修正

由於美感是一種相當獨特的個人生命經驗的累積，無論是先天的賦予或後天的培養，或多或少都直接反應出其獨有的美感，並投射在生活環境和與他人的彼此互動之中。因此，常常看到教師們的教室布置，所呈現出來的風格、手法與樣貌等，都因為缺乏自我覺知的能力，而經常在過程中出現許多慣性的反應與作法，造成教室內外環境無論在學習氛圍或空間美感上都對幼兒造成學習發展上的無形阻礙。環境被視為幼兒的第三位老師，因此不論校舍的硬體如何老舊、學校規模大小為何，教師都應當思考如何在有限的空間中，創造出最適合幼兒學習的理想環境，並且持續不間斷的進行反思與檢討。

台灣 ・ 台中愛彌兒幼兒園教室（空間規劃後）

Q11：
如何將幼兒的作品展示
在教室空間中，而不顯
得雜亂？

侯：

教室裡經常累積許多不同形式的幼兒作品，如何將這些
不斷累積出來的作品進行適當的展示，是許多教師常感
到困擾的地方。教師在教室空間布置幼兒作品時，需要
注意的細節與展示技巧如下：

幼兒作品的展示必須針對作品的尺寸大小、表現形式與
教室的空間條件等，來一併進行考量，規劃時有兩個主
要的原則需要掌握：**維持空間的秩序性與凸顯作品的獨
特性。**
教室裡經常可以看見教師將全班相同主題和表現形式的
作品，全數無差別的展示在壁面上，一眼望去雖然排列
整齊，同時也吸引了大部分的目光，但如果要再仔細分
辨作品彼此之間的差異性就顯得極為困難。因此，教師
在處理作品展示的過程中，務必針對作品本身的媒材、
風格、內容及形式，與展示空間的搭配選擇是否合宜來
進行評估，一味的追求展示的公平性與一致性並非是最
恰當的作法。除此之外，幼兒作品展示在教室裡的時間
長短也是需要考量的範疇之一，如果預計在教室裡規劃
長期的展出，教師就需要花較多的時間去思考作品的固
定與展示方式，但如果只是短時間的展示，像是待乾作
品的暫時擺放或作為短期展出的作品等，則建議採取較
為機動性，並且能夠隨時進行調整的展示方法來呈現。

Q12：
教室裡的各式照片、字卡或是參考圖片，該如何兼具秩序與美感的呈現？

侯：

教師常常為了幼兒學習的需求而製作各式各樣的參考圖片與字卡，但在大部分的狀況下，這些容易在空間中造成干擾的文字、圖片等，並沒有好好的被規劃與管理，而任意的懸掛與張貼，導致教室空間顯現雜亂無章的視覺感受，不僅讓幼兒在學習上無法獲得正向效果，也無形中造成空間中主要視覺壓力的來源。

因此，建議教師在準備各種張貼或懸掛的照片、圖卡之前，必須先檢視一下教室的空間條件，壁面、櫃背、懸掛裙板等都是設定與規劃的不錯選擇，所有預計呈現的內容也需透過空間與版面的規劃與調整，以達到秩序與美感兼具的目標。

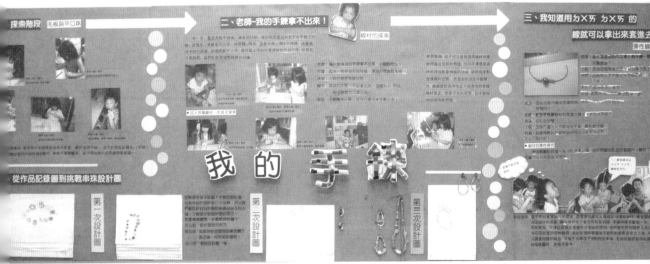

後 記

2000年，我參與了由文建會中部辦公室所推動的「鐵道藝術網路計畫」而到台中20號倉庫駐站，因緣際會下結識了陶藝家林瑢瑛老師，林老師平日除了積極投入個人創作，同時也指導幼兒園的孩子學習各種陶藝課程。我當時剛完成英國研究所的學業歸國，便在林老師的盛情邀請與引薦下，來到愛彌兒幼兒園。

由於先前並沒有參與過任何幼兒園的相關工作，因此在當下，對於面臨的職場環境與工作內容，都是全新的體驗和挑戰。印象中，曾有很長的一段時間，對於學校交付的各項任務經常感到手足無措，也因為經驗不足，常常導致工作成效無法達到預期的標準。幸好在同事的包容與引導下，逐漸掌握執行的要點及方法；同時，也在過程中慢慢累積許多關於幼兒學習空間規劃，以及環境美學上的實務經驗與體會。這些難得的經歷也慢慢的蓄積轉化，成為日後各項工作上的重要參考依據與經驗連結。在此同時，對於如何進一步提升幼兒園環境美感的各類議題，也在校方的大力支持與教師們的共同努力下，逐步展開持續性的溝通與實踐，並達到初步的共識與目標。

每年新學期之初，都有機會與園內的教師們針對空間規劃與情境布置，進行許多美感相關的交流與討論，過程中經常可以感受到許多教師對於如何經營一個兼具多元學習功能與溫馨舒適的美感環境，而感到迷惘與困惑。即便是已有豐富經驗的資深教師，在面對整體空間環境的規劃與情境布置時，也不免出現捉襟見肘、手忙腳亂的情況。雖然投入了大量的時間與精力，但最終呈現出來的結果卻不如預期，最常見的是教室規劃後產生雜亂的視覺感受，以及缺乏總體的美感整合。

然而，這樣的情況在過去幾年當中有了些許的變化。伴隨過程中，各項美感議題的交流與實作分享，園內教師們開始思考，並透過每一次操作與練習的機會來累積經驗，雖然偶爾在計畫執行時，還是不免遭遇各種挫折，但可以清楚感受到，透過學校團隊與教師們的相互配合與努力下，「美感」已逐漸落實，並且成為規劃幼兒學習環境時的重要指標。不可諱言，其中最大的挑戰是帶領教師們重新體認「美」在生活中的重要性與影響，由於每

一位教師都是獨立的個體，在他們生命經驗累積的過程中所發展出來的美感底蘊與涵養存在著極大的差異，而這也正是目前難以在短期內做到突破與改變的部分。因此，當務之急是運用系統性的規劃流程，引導教師們多多看待美的問題、思考美的問題，進而解決美的問題，讓每位教師在實際操作與運用時，都能有清晰的執行目標，並培養出自我檢視的能力。

在進入愛彌兒幼兒園的第二十年，我獲得了另一份意外的機緣與挑戰，在創辦人高琇嬅老師與臺北市立教育大學林佩蓉教授的建議與鼓勵下，帶著十分忐忑的心情，接下了這項原本不在預期計畫中的出版任務，在短短的時間內，緊鑼密鼓的展開各項內容彙整與編輯前製的相關作業。在本書醞釀與構思的過程中，感謝高老師給予許多寶貴的建議與指導，同時也特別感激嶺東科技大學幼兒保育系徐德成博士的撥冗撰序，以及嘉義大學幼兒教育研究所張心盈小姐不辭辛勞，專程與我對談，並整理訪談內容。此外，共同參與版面設計的愛彌兒美編室廖怡如小姐及內人吳慧妮小姐也透過美術編輯上的專才，為此書增色不少。

本書內容主要是收錄愛彌兒幼兒園歷年在幼兒學習環境美感規劃上的各種實踐案例，起初是希望透過一套完整的簡介分析，幫助園內教師在規劃學習環境時，對空間中視覺美感的呈現能有更明確的認知與參考依據，並且進一步透過不同實例的分享與討論，讓教師們能有清楚的執行方法與目標，並有效提升教學場域的品質；此外，也作為我個人工作歷程的檢視與紀錄。

由於各個幼兒園所在的整體空間規劃與教學法之設計上存在著極大的差異性，因此體現在空間美感的表現上，如何賦予個別獨特的風格與氛圍甚為重要。書中的範例，主要以六大學習區的情境設計作為編輯主軸，搭配校園其他公共空間的規劃，藉由大量影像紀錄的採集與分類，期待有志將美感落實在幼兒學習環境的教育工作者，能在書中探尋並建立一套屬於自己的美感核心，進而引領身邊的每一個孩子可以經由「日‧常美」的陶冶歷程，邁向獨特自信的未來！

國家圖書館出版品預行編目（CIP）資料

幼兒園學習環境中的美感實踐：台灣‧台中愛彌兒
幼兒園現場實例／侯憲堯著.--初版.--新北市：
心理出版社股份有限公司, 2021.04
　面；　公分.--（幼兒教育系列；51215）
ISBN 978-986-191-993-5（平裝）

1.藝術教育　2.美學　3.學前教育

523.23　　　　　　　　　　　　　110005121

幼兒教育系列 51215

幼兒園學習環境中的美感實踐：
台灣‧台中愛彌兒幼兒園現場實例

‧作　　者：侯憲堯
策　　畫：高琇嬅
編　　審：林佩蓉
總 編 輯：林敬堯
發 行 人：洪有義
出 版 者：心理出版社股份有限公司
地　　址：231026 新北市新店區光明街 288 號 7 樓
電　　話：(02) 29150566
傳　　真：(02) 29152928
郵撥帳號：19293172　心理出版社股份有限公司
網　　址：https://www.psy.com.tw
電子信箱：psychoco@ms15.hinet.net
美術編輯：吳慧妮、廖怡如
印 刷 者：辰皓國際出版製作有限公司
初版一刷：2021 年 4 月
初版四刷：2024 年 3 月
I S B N：978-986-191-993-5
定　　價：新台幣 350 元